Letture G

La collana Letture Graduate ELI è una proposta completa di libri per lettori di diverse età e comprende accattivanti storie contemporanee accanto a classici senza tempo. La collana è divisa in: **Letture Graduate ELI Bambini, Letture Graduate ELI Giovani, Letture Graduate ELI Giovani Adulti.** I libri sono ricchi di attività, sono attentamente editati e illustrati in modo da aiutare a cogliere l'essenza dei personaggi e delle storie. I libri hanno una sezione finale di approfondimenti sul periodo storico e sulla civiltà, oltre a informazioni sull'autore.

 La certificazione FSC™ garantisce che la carta usata per questo libro proviene da foreste certificate, per promuovere l'uso responsabile delle foreste a livello mondiale.

 Per questa collana sono stati piantati 5000 alberi

Illustrazioni
di Miriam Serafin

Letture Graduate ELi Giovani

Chiara Michelon
Furto a Venezia
Illustrazioni di Miriam Serafin

Letture Graduate ELI
Curatori della collana
Paola Accattoli, Grazia Ancillani, Daniele Garbuglia (Art Director)

Progetto grafico
Sergio Elisei

Impaginazione
Davide Elisei

Direttore di produzione
Francesco Capitano

Foto
Shutterstock, Archivio ELI

© 2020 ELI s.r.l.
P.O. Box 6
62019 Recanati MC - Italy
T +39 071750701
F +39 071977851
info@elionline.com
www.elionline.com

Il testo è composto in Monotype Dante 13 / 18

Stampato in Italia presso Tecnostampa – Pigini Group Printing Division – Loreto, Trevi – ERT 136.01

ISBN 978-88-536-2881-7

Prima edizione: febbraio 2020

www.eligradedreaders.com

Materiale sviluppato in collaborazione con:

www.scuoladantealighieri.org/ita/camerino.htm

Recanati - (Italia)
www.campusinfinito.it

Sommario

6	Personaggi principali
8	Prima di leggere
10	Capitolo 1 **Arriva l'acqua alta**
18	Attività
20	Capitolo 2 **Il furto della Dama**
28	Attività
30	Capitolo 3 **Il rapimento di Leone**
38	Attività
40	Capitolo 4 **L'isola dei fantasmi**
48	Attività
50	Capitolo 5 **Ritorno a casa**
56	Attività
58	Dossier **Venezia**
60	Dossier **Leonardo da Vinci**
62	Test finale
63	Sillabo

Le icone indicano le parti registrate. **Inizio** ▶ **Fine** ■

Personaggi principali

TINA

Ha 16 anni. È una ragazza intelligente e simpatica, ma… non sa nuotare e ha paura dell'acqua.

LEONE

È il fratello di Tina. Ama l'arte e lavora in un famoso museo di Venezia: le Gallerie dell'Accademia.

PAUL NEWMAN

È un cane molto speciale!

DAMA CON L'ERMELLINO

È un quadro di Leonardo da Vinci.

GEMELLI BISOU

Sono due fratelli molto pericolosi!

JACOPO

È la guardia delle Gallerie dell'Accademia.

Attività

Comprensione

1 Inserisci le parole e scopri la storia.

> ~~paura~~ • ~~Venezia~~ • ~~ricerca~~ • ~~da Vinci~~ • ~~rubare~~
> ~~studia~~ • ~~strano~~ • ~~capolavoro~~

Tina ha 16 anni e vive a (**1**) *Venezia*. Ha un fratello più grande, Leone, che (**2**) *studia* all'Accademia di Belle Arti e adora l'arte e in particolare le opere di Leonardo (**3**) *da Vinci*. Una mattina si sveglia con la città sottosopra perché sta per salire l'acqua alta e Tina ha molta (**4**) *paura*. I due fratelli vanno a scuola e all'Accademia ma qualcosa di (**5**) *strano* accade: due gemelli francesi, travestiti da gondolieri, entrano alle Gallerie dell'Accademia. Vogliono (**6**) *rubare La dama con l'ermellino*, arrivata da Cracovia, e rapiscono il povero Leone. Per fortuna Tina vede una cosa dal ponte e parte dal Canal Grande alla (**7**) *ricerca* del fratello maggiore. Riusciranno i due a ritrovare il (**8**) *capolavoro* di Leonardo?

2 Metti in ordine le lettere delle parole e completa le informazioni su Venezia e Leonardo.

1. Leonardo è stato un *Artista*, uno scienziato e un inventore. — **STATIAR**
2. Il suo nome deriva dal *paese* toscano dove è nato nel 1452. — **SPAEE**
3. La sua opera più famosa al mondo si chiama *Gioconda*. — **DACONGIO**
4. Venezia è una città speciale, senza *strade* e senza macchine. — **DESTRA**
5. Il *Leone* di San Marco è il simbolo della città e ha le ali. — **NELEO**

3 Abbina e completa le frasi.

1. ☐ Leone studia
2. ☐ Tina ha
3. ☐ I ladri sono
4. ☐ Per fortuna Tina
5. ☐ Leone è
6. ☐ *La dama con l'ermellino*
7. ☐ Tina ha molta paura
8. ☐ Tina, la protagonista,
9. ☐ Il povero Leone
10. ☐ Tina parte alla ricerca di Leone

a. viene rapito.
b. dal Canal Grande.
c. dell'acqua alta.
d. vede una cosa dal ponte.
e. ha 16 anni.
f. un fratello di nome Leone.
g. più grande della sorella.
h. all'Accademia di Belle Arti.
i. arriva da Cracovia.
l. due gemelli francesi.

Ascolto

▶2 4 Ascolta l'inizio del primo capitolo e rispondi vero (V) o falso (F).

	V	F
1 Tina e Leone vivono a Firenze da soli.	☐	☐
2 Leone è più grande della sorella.	☐	☐
3 Il cellulare di Leone avvisa che ci sarà acqua alta.	☐	☐
4 Tina ama molto l'acqua e nuotare.	☐	☐
5 Tina ama dormire a lungo.	☐	☐
6 Leone è nervoso per la giornata che lo aspetta.	☐	☐

Parliamo

5 Che cosa conosci di Venezia? Racconta quali luoghi, cibi o tradizioni conosci.

Capitolo 1

Arriva l'acqua alta*

▶ 2 *Bip-bop.* Il cellulare di Leone manda un SMS.
«OGGI ACQUA ALTA ALLE ORE 12.30».
"Oh, no!" pensa Leone. "Oggi alle Gallerie dell'Accademia arriva da Cracovia *La dama* con l'ermellino** di Leonardo da Vinci… Non capita spesso di spostare un'opera così famosa dal museo dove si trova. Soprattutto da un museo così lontano! L'acqua alta è un problema!".

– Forza, Tina, alzati dal letto! – grida Leone dalla cucina.

Il caffè esce piano dalla moka* e il profumo riempie la piccola cucina.

– Tina, alzati! Devi andare a scuola! Se fai tardi mamma e papà si arrabbiano con me!

Silenzio.

– Tina!

Dalla porta si vede arrivare Tina, i capelli ricci come un cespuglio*. Tina è la sorella di Leone, ha 16 anni e adora dormire.

---

acqua alta quando il mare copre le strade e le piazze di Venezia
dama donna di origini nobili
ermellino animaletto (vedi quadro pagina 7)
moka tipica caffettiera italiana
cespuglio piccola pianta con tante foglie

Furto a Venezia

– Stai calmo, fratello. Sai che la mattina sono una lumaca*!
– Ah, perché durante la giornata, invece, sei veloce?
– Io vivo la vita con calma! Tu, invece, sei sempre nervoso! Sei preoccupato per l'arrivo della *Dama* all'Accademia?
– Sì. Oggi c'è acqua alta!
– Cosa?!? – dice Tina. – Lo sai che ho paura dell'acqua alta!
– Ma smettila, fifona*. Una veneziana non può aver paura dell'acqua alta!

Tina non sa nuotare. E odia l'acqua alta. Odia il mare che copre Venezia e le sirene* che avvisano che l'acqua alta arriva. Nel suo sogno più brutto il mare sommerge* Venezia.

– Posso stare a casa da scuola, oggi?
– Assolutamente, no! Ora ti vesti e usciamo.
– Che giornata terribile…

▶ 3 Leone mette la sua adorata sciarpa gialla, poi esce di casa e Tina gli corre dietro arrabbiata.

essere una lumaca (modo di dire) essere molto lenti
fifona che ha sempre paura di tutto
sirene mezzi che emettono un suono di avviso e allarme
sommergere coprire completamente con l'acqua

Capitolo 1

– Dai, fifona, sbrigati*! Siamo in ritardo!
– Non sono fifona! → Chicken (making fun of her)
– Una sedicenne che ha paura dell'acqua… Ahahaha! Sei una fifona!
– Sei proprio antipatico! → mean.

Attraversano Piazza San Marco. Tra qualche ora questa bellissima piazza sarà coperta di acqua, che bagnerà le gambe dei tavolini dei bar. I piccioni* voleranno via e il leone con le ali – simbolo di Venezia – sulla colonna riderà tranquillo della gente con gli stivali ai piedi. Passano per Piazzetta San Marco e arrivano al Teatro La Fenice. I negozianti mettono le tavole di legno e altre protezioni davanti ai negozi, così l'acqua non entrerà. Sono calmi e si sorridono. Tina li guarda: ma come fanno a essere così calmi?

Tina e Leone passano sopra al Ponte dell'Accademia. Quando scendono sono a Dorsoduro* e si dividono.

– Ciao Tina, io vado alle Gallerie. E ricordati:

sbrigarsi fare il più in fretta possibile
piccioni uccelli grigi che stanno spesso nelle piazze delle città

Dorsoduro "sestiere" di Venezia, cioè una delle sei zone della città

12

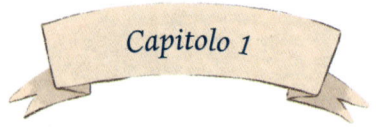

Capitolo 1

stai calma! Hai la faccia verde di paura come un extraterrestre!

– Antipatico!

– Ci vediamo dopo a casa, tanto per le 14 l'acqua alta è passata!

– Sì, sì, ti sembra facile, vero? Mancano un sacco di* ore!

Leone corre. Vuole arrivare in tempo alle Gallerie dell'Accademia per ammirare per primo *La dama con l'ermellino*. Leone adora Leonardo! È giovane, ma è già un grande esperto delle sue opere.

Alle Gallerie c'è anche un disegno di Leonardo, il famoso *Uomo vitruviano*, un gioiello che tutto il mondo invidia a Venezia. Ma è un disegno così delicato che si può vedere solamente ogni tre anni, per pochi giorni.

– Ciao, caro Leone – dice Jacopo, la guardia storica delle Gallerie. – Sei pronto per questo giorno speciale?

– Sì, anche se l'acqua alta è un bel* problema oggi!

un sacco di (modo di dire) moltissime   **bel** (qui) grande

Furto a Venezia

– Già! Non capita spesso di avere *La dama con l'ermellino* in un museo italiano. È un'occasione speciale!

– … e se non viene nessuno, meglio! La guardo solo io!

Come molti studenti dell'Accademia di Belle Arti Leone fa il guardiasala* delle Gallerie. È un modo per guadagnare un po' di soldi, ma anche un'occasione per stare vicino ai capolavori dell'arte.

I primi visitatori entrano. Le sirene che segnalano l'arrivo dell'acqua alta stanno già suonando. Un signore è preoccupato e chiama Leone:

– Scusa, ragazzo…

– Mi dica, signore.

– Senti… è vero che salirà l'acqua alta, oggi?

– È vero. Sente le sirene che suonano? L'acqua sta arrivando.

– Quindi non potrò più uscire di qui? – chiede l'uomo.

– Ma no, non si deve preoccupare! Le sirene avvisano qualche ora prima dell'arrivo dell'acqua

---

guardiasala guardia che controlla le stanze di un museo

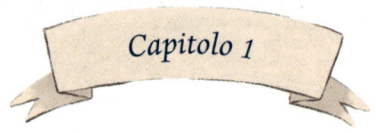

Capitolo 1

alta. E poi in questa zona non ci sono grandi problemi.

– Quindi l'acqua alta non ci sommergerà?

– Ma no, signore, non siamo in un film! L'acqua salirà lentamente, e lei potrà usare le passerelle*.

– Allora, me ne vado. Vado a vedere l'acqua alta! È molto più interessante del quadro di Leonardo! Magari, torno domani a vederlo…

Leone è veramente triste! L'acqua alta è un problema per Venezia, non uno spettacolo per turisti! E poi… è molto meglio vedere *La dama* che l'acqua alta, no?

I pochi visitatori del mattino, quando sentono la sirena, escono dalle Gallerie. Il suono di oggi, lungo e uguale, avvisa che la marea salirà di 120 cm circa.

Intanto, non lontano da lì, qualcuno sta passando una brutta mattina.

passerelle passaggi alti rispetto alla strada dove poter camminare

Attività

Comprensione

1 Segna la risposta corretta.

1. Cosa avvisa l'SMS che riceve Leone?
   a L'arrivo di una forte pioggia.
   b L'arrivo dell'acqua alta.
   c La chiusura delle scuole.

2. Perché Tina è molto preoccupata?
   a Perché non vuole andare a scuola.
   b Perché oggi mamma e papà non ci sono.
   c Perché ha paura dell'acqua alta.

3. Dove vanno quando escono di casa i due fratelli?
   a Tina a scuola, Leone in Piazza San Marco.
   b Tina a scuola, Leone all'Accademia di Belle Arti.
   c Tina in Piazza San Marco, Leone a scuola.

4. Perché Leone è nervoso per la giornata?
   a Perché *La dama con l'ermellino* arriva da molto lontano.
   b Perché l'acqua alta sommerge Venezia.
   c Perché odia fare il guardiasala.

5. Cosa fanno i negozianti di Venezia?
   a Bevono un caffè.
   b Accendono le sirene.
   c Mettono le protezioni ai negozi.

6. Perché Leone è triste alla fine?
   a Perché arriva l'acqua alta.
   b Perché i visitatori preferiscono l'acqua alta a Leonardo.
   c Perché Jacopo lo lascia solo.

Attività di pre-lettura

Grammatica

2 Completa le frasi con l'avverbio giusto: *oggi, presto, prima, poi, sempre, spesso, tardi*.

1 Leone si sveglia ……………… di mattina e si beve un caffè.
2 La sorella Tina invece ama dormire fino a ……………… .
3 ……………… fanno colazione, ……………… escono di casa insieme.
4 Tina sogna ……………… Venezia che va sotto l'acqua.
5 ……………… all'Accademia arriva *La dama con l'ermellino*.
6 Il suono della sirena è lungo e uguale, cioè ha ……………… la stessa nota.

3 Metti in ordine le frasi interrogative ed esclamative.

1 stare / da scuola / Posso / oggi? / a casa
　………………………………………………………………
2 siamo / Ma signore, / un film! / in / non
　………………………………………………………………
3 che / l'acqua alta? / È vero / salirà / oggi
　………………………………………………………………

Ascolto e scrittura

▶ 4　4 Ascolta la prima parte del capitolo 2 e rispondi alle domande.

1 Che lezione ascolta Tina? ………………………………
2 Che scuola frequenta Tina? ……………………………
3 Cosa chiede alla professoressa? ………………………
　………………………………………………………………
4 Cosa pensa Tina quando esce dalla classe? …………
　………………………………………………………………

Capitolo 2

Il furto della Dama

▶ 4 Nella classe del liceo* artistico di Tina la professoressa di geografia parla del GPS.

– Il GPS è un sistema che permette di sapere dove si trova una cosa o una persona, perché segnala il luogo esatto grazie ai satelliti…

"Oggi non mi interessa proprio il GPS!" pensa Tina, che continua a guardare fuori dalla finestra. Non riesce a stare attenta: il triste suono delle sirene la spaventa.

– Se, per esempio, uno di voi ha un telefono cellulare e si perde in montagna, può essere ritrovato grazie al GPS. Tina, mi ascolti? Tutto bene?

– Sì, sì, professoressa. È che… ehm… mi scusi!

Tina si vergogna a dire che ha paura dell'acqua alta. Ha ragione suo fratello Leone: una sedicenne non può essere così fifona. Ma la paura non si controlla e Tina non resiste più al triste suono delle sirene.

liceo tipo di scuola superiore

Furto a Venezia

– Posso uscire un attimo?
– Va bene, Tina, ma solo un attimo.

Tina esce dalla sua classe, guarda Venezia dalla finestra e sogna di essere dentro al suo letto, al sicuro.
"Chissà cosa sta facendo Leone…" pensa.

5 Leone è solo. I visitatori sono andati via. L'acqua alta sale lentamente e lui guarda innamorato *La dama con l'ermellino*. "È perfetta," pensa, "assolutamente perfetta. Non ho mai visto niente di così bello, vivo, gentile".

Improvvisamente nella stanza del museo entrano due gondolieri*. Due gondolieri al museo? Che cosa strana… Hanno la maglietta a righe bianche e rosse, pantaloni neri, il solito cappello di paglia con il nastro. Si assomigliano tantissimo.

– Buongiorno, signori! Siete qui per il capolavoro di Leonardo?
– Sì, grazie.
– Volete vedere *La dama con l'ermellino*?
– Sì, grazie.

---

gondolieri persone che guidano una gondola, tipica barca veneziana

21

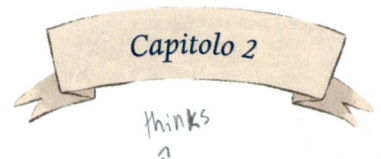

Capitolo 2

"Che strani tipi…" pensa Leone. "Non sembrano gondolieri… sono così magri e seri… E poi quando parlano non sembrano italiani… Sicuramente sono due turisti che vogliono divertirsi".

– Siete francesi, signori?

– Sì, francesi.

– Ah, lo immaginavo! *La dama con l'ermellino* è un vero capolavoro! Sapete chi è questa donna bellissima? La donna amata da Ludovico il Moro, duca di Milano. Lui la amava molto. Guardate la sua eleganza, il sorriso misterioso e poi questo strano ermellino…

– Siete esperto di Leonardo, *mon ami**?

– Sì, signori. Ho studiato molto le sue opere.

– Interessante…

Leone è un po' arrabbiato. I due non sembrano molto emozionati davanti al capolavoro.

Improvvisamente, uno dei due sviene* e cade a terra.

– Signore, sta bene?!

– *Mon ami*, un po' d'acqua per favore! – dice il secondo gondoliere.

mon ami "amico mio" in francese

svenire perdere i sensi, perdere conoscenza

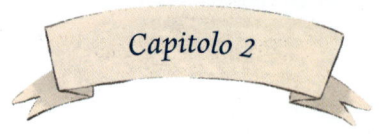

Capitolo 2

– Certo, certo, vado a prenderla subito!

Leone corre a prendere un bicchiere d'acqua. Mentre corre, pensa: "C'è qualcosa di strano... turisti vestiti da gondolieri, uno dei due sviene all'improvviso... Bah, alcuni turisti sono un po' pazzi! Per alcune persone Venezia non è una città, ma... un Carnevale!".

Leone torna di corsa in sala con la bottiglia d'acqua e...

– Aaaah!. Dov'è?!?! Aiutoooooo! Jacopo! Jacopo!

Jacopo, la guardia del museo, arriva correndo:

– Cosa succede, Leone?

– *La dama con l'ermellino*! Non c'è più! L'hanno rubata!

– Oh no! Ma è impossibile! Non è uscito nessuno e il sistema d'allarme è modernissimo!

Jacopo e Leone guardano in tutte le sale delle Gallerie, ma niente è fuori posto.

– Jacopo, questo è un furto impossibile! Il nostro sistema d'allarme non è scattato*!

scattare suonare, accendersi

Furto a Venezia

Nessuno può rubare un quadro dalle Gallerie! È impossibile!

– Sono dei professionisti*! Sicuramente si tratta di ladri internazionali! Sicuramente hanno hackerato* il sistema d'allarme!

– Ma come hanno fatto?!

Jacopo corre a chiamare la polizia, poi lui e Leone guardano la stanza con attenzione. Niente: è tutto a posto, l'allarme funziona ma… *La dama* è sparita!

– In tanti anni di lavoro, non ho mai visto niente di simile!

– È incredibile! Questa è un'opera di magia!

– Un lavoro da professionisti.

– Io provo a uscire in strada, Jacopo. Magari li fermo…

– Leone, no! Aspettiamo la polizia!

– No, io devo trovare *La dama*! Io… io… non ho saputo proteggerla!

Leone corre giù. Non c'è nessuno in strada. Il cielo è nero e c'è un vento strano e caldo. Leone,

professionisti esperti nel loro lavoro

hackerare (dall'inglese) entrare, illegalmente, in un software di computer

25

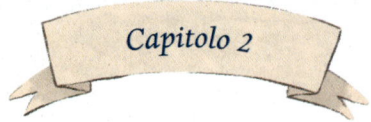

Capitolo 2

disperato, guarda a destra e a sinistra. Non c'è nessuno. Venezia è vuota! Ma cosa succede sul Ponte dell'Accademia? Forse…

Corre verso il ponte, ma improvvisamente sente un forte colpo in testa. Che dolore! Leone cade a terra e sviene per qualche minuto. Quando apre gli occhi, vede i due gondolieri che lo tirano per le gambe.

– Ancora voi! Chi siete? Cosa volete? Lasciatemi!

– No no, *mon ami*. Tu vieni con noi. Con noi e *La dama*!

– Agh! Siete voi i ladri! Aiuto! Polizia!

Arriva un secondo colpo in testa. Leone vede tutto nero e sviene tra le braccia di uno dei due gondolieri. La sciarpa gialla gli cade dal collo e cade nell'acqua del canale*.

---

canale corso d'acqua, che è la tipica "strada" di Venezia

26

Attività

Comprensione

1 Chi fa cosa? Abbina ogni personaggio all'azione giusta.

1 [e] La professoressa
2 [a] Tina
3 [c] Uno dei due gondolieri
4 [b] Leone
5 [d] Jacopo, la guardia,

a non riesce a stare attenta.
b va a prendere una bottiglia d'acqua.
c sviene al museo.
d dice che non è uscito nessuno.
e fa una lezione sul GPS.

Vocabolario

2 Completa le frasi.

1 Il GPS è un *sistema* che permette di sapere dove si trova una cosa o una persona.
2 Tina *esce* dalla classe e guarda Venezia dalla finestra.
3 Improvvisamente, nella *stanza* del museo entrano due gondolieri.
4 Hanno la *maglietta* a righe bianche e rosse.
5 I due non sembrano molto *emozionati* davanti all'opera d'arte.
6 Uno dei due cade a *terra* e sviene.
7 Leone pensa che alcuni *turisti* sono un po' pazzi.
8 Il sistema d'*allarme* del museo è modernissimo.
9 Il cielo è nero e c'è un *vento* strano e caldo.
10 Leone guarda a destra e sinistra poi corre verso il *Ponte* dell'Accademia.
11 Arriva un secondo colpo e Leone vede tutto *nero* .

Grammatica

3 **Coniuga i verbi tra parentesi al tempo presente e completa le frasi.**

1. Tina (continuare) ...*Continua*... a guardare dalla finestra.
2. I due gondolieri (parlare) ...*Parlano*... molto poco.
3. Uno dei due gondolieri di colpo (svenire) ...*Sviene*... .
4. Leone e la guardia (guardano) ...*guardano*... tutte le sale del museo.
5. La sciarpa gialla gli (cadere) ...*Cade*... dal collo.

Attività di pre-lettura

Ascolto

▶ 6 **4** **Ascolta la prima parte del capitolo 3 e rispondi vero (V) o falso (F).**

	V	F
1 Quando Tina esce da scuola l'acqua alta non c'è più.	☐	☐
2 Tina sale sul Ponte dell'Accademia.	☐	☐
3 Dal ponte Tina vede un oggetto che si muove sul canale.	☐	☐
4 L'oggetto giallo che si vede sull'acqua del canale è una delle scarpe di Leone.	☐	☐
5 Una gondola passa sopra all'oggetto e lo sommerge.	☐	☐
6 Tina ricorda che è un giorno eccezionale.	☐	☐

Parliamo

5 **Come continua la storia secondo te? Parlane con un compagno.**

Capitolo 3

Il rapimento* di Leone

▶ 6 La campanella della scuola suona. Tina esce lentamente dal liceo. L'acqua alta sta per andare giù, ma lei non vuole metterci i piedi dentro. Corre verso casa. Mentre sale sul Ponte dell'Accademia, guarda giù e vede una cosa gialla sull'acqua del canale. Sì, è proprio una… sciarpa gialla! Tina guarda meglio… È la sciarpa di Leone!

— Leone! — grida.

— Cosa succede, ragazzina? — chiede un gondoliere dalla sua gondola.

— Quella è la sciarpa di mio fratello! Gli è successo qualcosa, aiuto!

Tina corre giù dal Ponte dell'Accademia: il gondoliere ha preso la sciarpa con il remo* e gliela dà.

— Sì, è la sua sciarpa!

— È caduto in acqua, secondo te?

— Impossibile! Leone è veneziano, non cade in acqua! E per fortuna nuota benissimo!

rapimento portare via qualcuno con la forza e contro la sua volontà

remo lungo attrezzo usato per far muovere una barca

Furto a Venezia

— Stai tranquilla, allora! Ha solo perso la sua sciarpa! – dice il gondoliere.

No! È successo qualcosa! Leone non lascia mai la sua sciarpa gialla. Leone è sicuramente in pericolo!

Ma che cosa è successo? Tina pensa e ricorda che oggi è un giorno eccezionale*, per Leone: oggi arriva *La dama con l'ermellino*! Ma certo! Sicuramente i due fatti sono collegati! Ma in che modo?

"Devo aiutare Leone," pensa Tina tra sé e sé. "E anche... vincere la mia paura!".

Leone si sveglia in un luogo buio. Sente un forte odore di piante e fiori selvatici*. Si tocca la testa, che gli fa molto male. Sente due voci molto basse. Parlano in francese! Per fortuna, lui parla francese molto bene. E ascolta…

— Siamo due geni*!

— Sì, eccezionali! Ora *La dama con l'ermellino* è nostra e non tornerà più a Cracovia.

— Caro fratello, sei sempre il migliore! Sei un

eccezionale speciale, non comune
selvatici che si trovano in modo spontaneo in natura, non coltivati

geni persone molto intelligenti e astute

31

Capitolo 3

hacker straordinario! E sei bravo anche a guidare la barca!

Sono i finti* gondolieri del museo! Leone sente tutta la storia: i ladri hanno hackerato il sistema d'allarme del museo e hanno fatto scendere il quadro dal Ponte dell'Accademia, mettendolo su una barca. Nessuno li ha visti. L'acqua alta, Venezia vuota, i vestiti da gondolieri... sembrava tutto normale. Un piano davvero perfetto! Hanno portato via Leone perché li ha visti in faccia e poteva raccontare tutto alla polizia. È stato un vero rapimento!

Poi, i due ladri hanno attraversato la laguna* a grande velocità e, in una corsa pazza, hanno quasi rovesciato gondole e barche più piccole. Leone li sente ridere:

– Ahahaha! Non ci fermerà nessuno!

Dopo venti minuti in barca sono arrivati in un'isola della laguna. Un'isola dove nessuno può trovarli. È un'isola misteriosa, famosa in tutto il mondo: Poveglia.

finti non veri

laguna zona di mare attorno a Venezia, con acqua bassa e salata

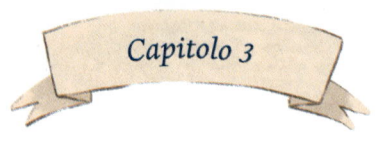

Capitolo 3

— È ora di andare dal ragazzo, — dice uno dei due.

"Oh, no! Arrivano!" pensa Leone, spaventato. La porta si apre e i due finti gondolieri entrano.

— Chi siete veramente? Cosa volete da me? Dov'è il quadro di Leonardo?

— Calmo, *mon ami*! Noi facciamo le domande e tu rispondi!

— Devo tornare da mia sorella!

— Va bene. Ma prima raccontaci tutto quello che sai sulla dama.

— Ma io…

— Parla, se vuoi essere libero.

— La dama si chiama Cecilia Gallerani, è una nobile del Rinascimento. È una donna bellissima ed elegante. Ludovico il Moro la ama, così chiede a Leonardo di fare il suo ritratto*. Gli esperti dicono che è il primo ritratto moderno! Infatti la donna, nel quadro, ha la tipica posizione dei ritratti del Rinascimento, ma è girata un po' verso sinistra e guarda qualcosa con attenzione. Questo piccolo spostamento dà un'idea di sorpresa e di novità. Il suo sguardo è incredibile e misterioso. Quasi

ritratto disegno che rappresenta una persona

come quello della *Gioconda*! Anche l'ermellino ha uno sguardo incredibile. Con i suoi occhi piccoli e neri guarda anche lui qualcosa con attenzione e ha uno sguardo molto sorpreso.

– Bravo! – dice uno dei finti gondolieri.

– Ma voi non sapete proprio niente di Leonardo da Vinci?! – chiede Leone sorpreso.

– Noi siamo ladri e siamo esperti di sistemi d'allarme, non di arte!

– Oh, mamma mia… – dice piano Leone, – ma che ladri siete?

– Siamo i Bisou!

– I gemelli Bisou?! – grida Leone. – Ma voi siete un disastro per l'arte! Avete rubato moltissimi capolavori! E nessuno li ha mai più trovati!

– Sì, caro!

– Ma perché mi avete rapito?!

– Perché tu ci hai visti sul Ponte dell'Accademia! Hai visto noi, il quadro e la nostra barca! – dice uno dei ladri.

– Ragazzo, o scappi con noi o resti qui da solo!

– Non so nemmeno dove sono!

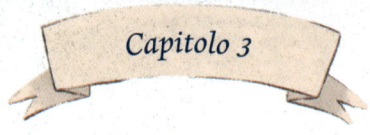

Capitolo 3

— Sei sull'isola di Poveglia.

— State scherzando? Ma è l'isola dei fantasmi! Non ci viene mai nessuno!

— È vero. Però dicono che qui c'è il fantasma di Giorgione*. Conosci Giorgione, *mon ami*?

— Certo! È un altro artista eccezionale!

— Bene, se resti qui allora sei in buona compagnia. Ahaha!

— Voi siete pazzi!

— Allora? Vieni con noi?

— Mai.

Leone ha paura. Poveglia è un'isola piena di misteri. Dicono che qui ci sono i fantasmi!

"Dai, Leone, hai 24 anni… Sei fifone come tua sorella?!" pensa tra sé.

I gemelli escono. Ora Leone è solo, al buio.

Giorgione famoso pittore veneziano del 1500, fu un artista molto misterioso

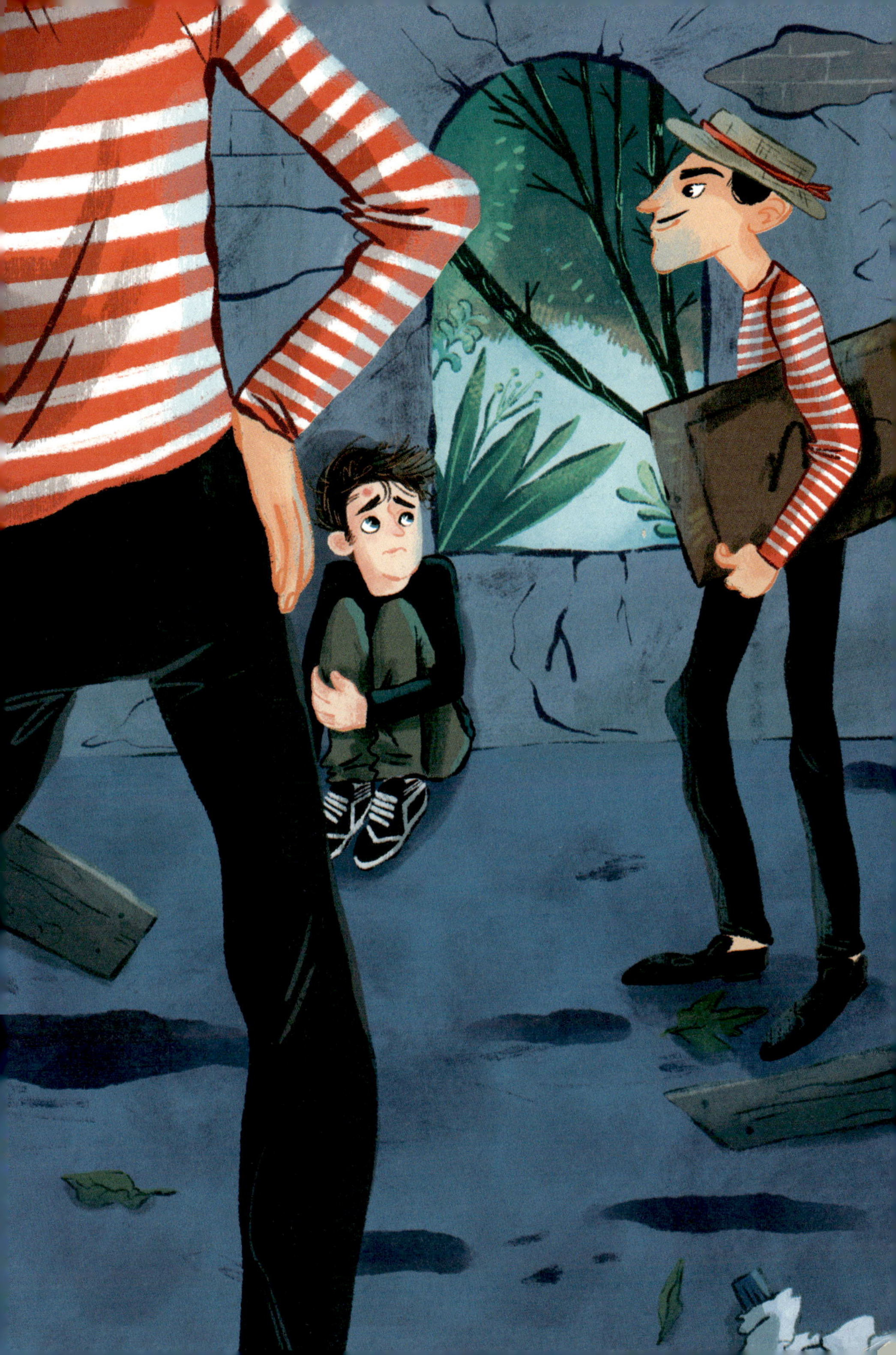

Attività

Comprensione

1 **Metti in ordine cronologico (da 1 a 10) queste azioni.**

- ☐ Tina sale sul Ponte dell'Accademia e vede la sciarpa di Leone.
- ☐ I due iniziano a fare domande a Leone.
- ☐ I Bisou danno due possibilità a Leone: restare o scappare.
- ☐ Leone si risveglia in un luogo buio.
- ☐ Leone scopre che si trova a Poveglia.
- ☐ La campanella suona e Tina esce da scuola.
- ☐ Leone scopre che i due sono i terribili gemelli Bisou.
- ☐ finti gondolieri vanno da Leone.
- ☐ Leone spiega chi è la dama di Leonardo.
- ☐ Leone resta solo e ha tantissima paura!

Scrivere

2 **Scrivi un breve testo per descrivere un quadro che ti piace molto, per esempio *La notte stellata* di Van Gogh. Fai finta di essere un esperto d'arte!**

....
....
....
....
....
....

Grammatica

3 Inserisci le giuste preposizioni semplici e articolate e leggi le frasi.

1 La campanella .... scuola suona e Tina esce .... liceo.
2 Tina non vuole mettere i piedi ....'acqua alta.
3 Mentre sale .... Ponte .... Accademia si ferma .... guardare .... giù.
4 ....'acqua vede muoversi un oggetto morbido .... colore giallo.
5 È la sciarpa .... Leone!
6 Un gondoliere gentile la prende .... il remo.
7 Tina deve stare calma: Leone è .... pericolo!
8 Oggi è un giorno eccezionale .... Leone, perché arriva *La dama* .... *l'ermellino*.

4 Scrivi l'infinito dei verbi che trovi sottolineati.

La dama della tela è (...............) una nobile del Rinascimento, Cecilia Gallerani. Ludovico il Moro la ama (...............), così chiede (...............) a Leonardo di fare il suo ritratto. I critici dicono .... che è il primo ritratto moderno della storia dell'arte.
Il genio di Leonardo fa .... girare un po' la dama a sinistra. Questo piccolo spostamento dà (...............) un'idea di novità e di sorpresa. Il suo sguardo è incredibile e misterioso.
Gli occhi dell'ermellino e della dama guardano .... qualcosa con attenzione e sorpresa.

Capitolo 4

L'isola dei fantasmi

▶ 8 Tina intanto ha avuto una grandissima idea. Torna di corsa al liceo ed entra in aula computer. Il GPS, la lezione di oggi!

"Forse Leone ha il GPS del cellulare acceso" pensa. Tina apre Google Maps e inizia la ricerca.

– Sì! È acceso!!! – grida felice. Poi guarda meglio e scopre dove si trova suo fratello. "Poveglia?! Ma... se lui è sull'isola dei fantasmi allora è in pericolo davvero!".

Tina corre fuori dalla scuola e va alla fermata* del vaporetto. La paura dell'acqua alta è scomparsa! Deve salvare suo fratello e lo farà in tutti i modi possibili.

– Mi scusi! Quale vaporetto porta a Poveglia? – chiede all'autista*.

– A Poveglia, cara? Nessun vaporetto porta a Poveglia! E chi ci vuole andare? È un'isola piena di case vecchie, piante e fantasmi!

– La prego, mi aiuti. Io ci devo andare!

fermata del vaporetto luogo dove arrivano e partono le grandi barche per spostarsi a Venezia

autista persona che guida un mezzo pubblico

Furto a Venezia

— No, cara. Non posso! A Poveglia ci devi andare a nuoto! – dice l'autista e si mette a ridere.

— Ma io non so nuotare!

— Una veneziana che non sa nuotare? Allora devi proprio imparare!

L'autista ride ancora più forte. Tina è arrabbiatissima! Deve trovare una soluzione e molto velocemente. Si guarda attorno e…

Ecco la soluzione! Il signor Jacopo sta passando con la sua barca a motore proprio ora!

— Più veloce! Più veloce, signor Jacopo!

— Sì, cara, io corro. Ma tu sei sicura che Leone è lì? Perché non chiamiamo la polizia?

— Leone è sicuramente in pericolo e dobbiamo fare presto! Non abbiamo tempo!

— Come vuoi… Povero Leone!

Jacopo infatti, dopo l'arrivo della polizia alle Gallerie dell'Accademia, è andato a cercare Leone con la sua piccola barca di nome Calipso. Ha girato lungo tutti i canali e guardato in tutti gli angoli di Venezia. Ma niente, non lo

Capitolo 4

ha trovato. Poi, improvvisamente, Tina lo ha chiamato.

— Non aver paura, Tina! Troveremo tuo fratello. E speriamo di non vedere i fantasmi!

— Non lo dica neanche!

— Andrà tutto bene — dice Jacopo.

Ormai Tina non ha più paura di niente: vuole solo trovare suo fratello.

Ecco l'isola di Poveglia. Fa davvero paura! È un posto triste e vuoto, con casa vecchie e tante piante selvatiche. Tina scende dalla barca, Jacopo rimane su.

— Si fermi qui, signor Jacopo! Se ci rubano Calipso, è un problema!

— Va bene, Tina. Ti aspetto qui. Tu stai attenta.

Tina comincia a camminare in mezzo alle piante selvatiche… poi sente un rumore: un fantasma? No, è un cane husky, bianco e grigio, che esce da un cespuglio. È tutto sporco e ha uno strano

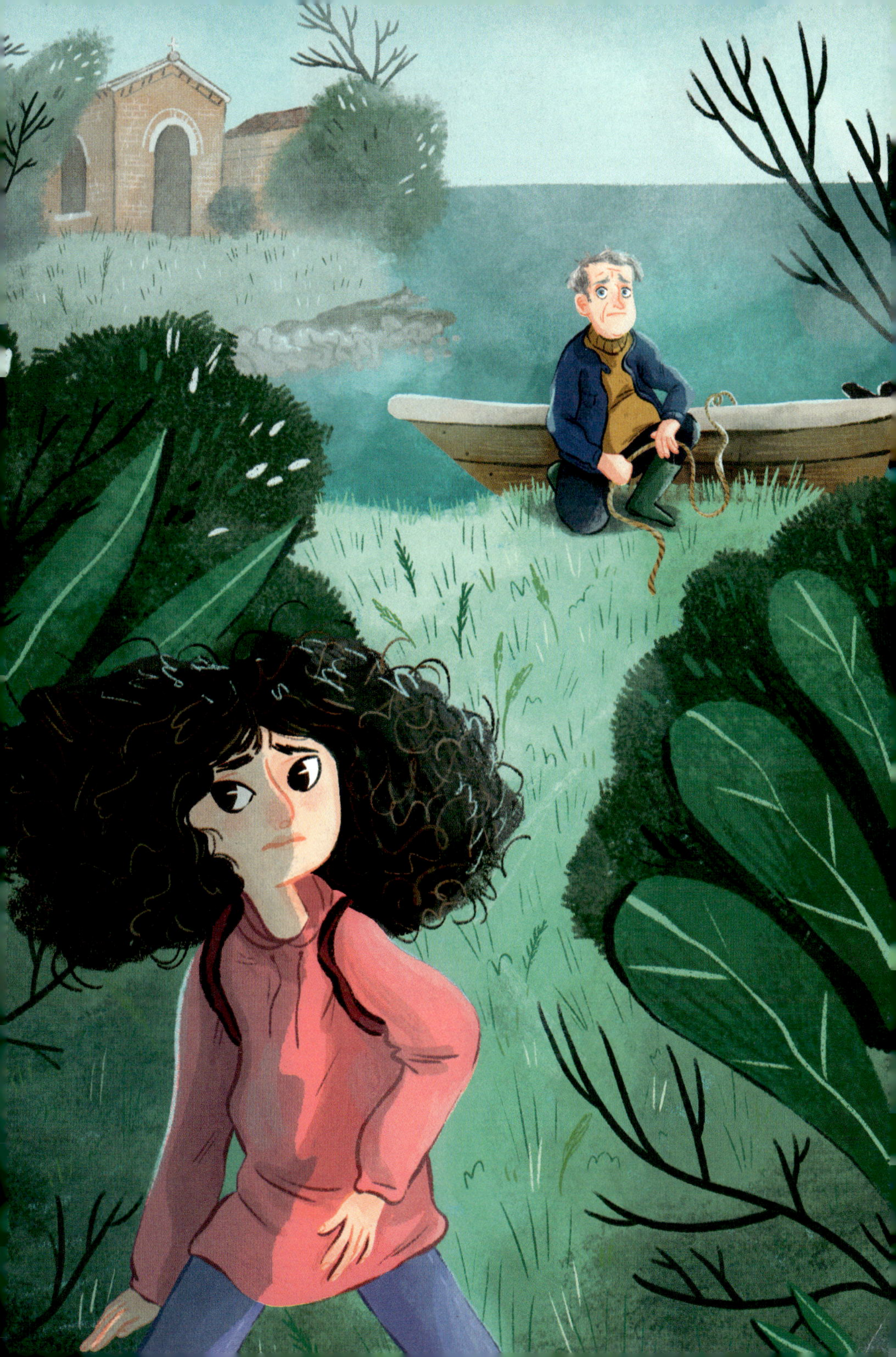

Capitolo 4

sguardo: un occhio è azzurro come il mare, l'altro è chiaro come il ghiaccio.

— Ehi, e tu chi sei? Lo sai che somigli a Paul Newman!

Il cane la guarda, muove forte la coda e inizia a spingerla.

— Come chi? Non sai chi è Paul Newman?

Il cane continua a spingere le gambe di Tina.

— Senti, Paul Newman, dove mi stai portando? Vuoi dirmi qualcosa?

Il cane la porta verso un posto strano e molto buio. Tina è arrivata a una casa diroccata*, entra e...

— Ehi, c'è qualcuno?

— Aiuto! Aiuto, sono qui! — grida una voce.

— Leone! Leone, sei tu! - Tina apre una porta chiusa e, nella stanza buia, trova suo fratello. È seduto a terra con i piedi legati da una corda.

— Tina, ma come hai fatto?!?

— È una lunga storia, fratello. Ora abbracciami!

I due fratelli si abbracciano. Il cane muove la coda felice e si butta addosso ai due.

diroccata rovinata dal tempo, abbandonata e rotta

Furto a Venezia

— E tu chi sei? — chiede Leone al cane.

— Lui è Paul Newman. Senza di lui di sicuro non arrivavo qui!

— Paul Newman?

— Certo, non vedi come gli assomiglia? Hanno gli stessi occhi!

Leone si mette a raccontare tutta la storia a Tina. Lei ascolta in silenzio. Non crede a quello che sente. Il furto, il colpo in testa, il rapimento, i terribili gemelli Bisou... L'acqua alta non è niente rispetto a tutto questo!

— Ma perché proprio qui, a Poveglia?

— Dicono che qui non ci trova nessuno.

— In effetti...

— E poi che qui c'è il fantasma di Giorgione.

— Brrr, che paura!

— E ora dove sono i Bisou? — chiede lei.

— Non lo so proprio. Ho detto che non sarei mai andato con loro e... sono spariti! Senza far rumore, come fantasmi!

— E tu allora ringrazia la tua sorellina fifona!

— Grazie, davvero, Tina!

Capitolo 4

– Andiamo, dai. Jacopo ci aspetta! Sarà molto preoccupato per noi.

– È vero, Jacopo mi vuole tanto bene. Forza, comincia a liberarmi da queste corde.

I ragazzi arrivano alla barca. Jacopo è felice di vedere Leone.

– Ehi, Paul. Vieni con noi?

Il cane li guarda con occhi dolci, ma si siede.

– Ok, ho capito. Vuoi restare qui.

– Forza ragazzi, salite in barca! – urla Jacopo. – Sono troppo vecchio per queste avventure!

I due fratelli salgono su Calipso, poi si girano verso l'isola. Salutano Paul Newman che muove la coda. Il cane li guarda tranquillo, poi torna tra le piante selvatiche… e i fantasmi.

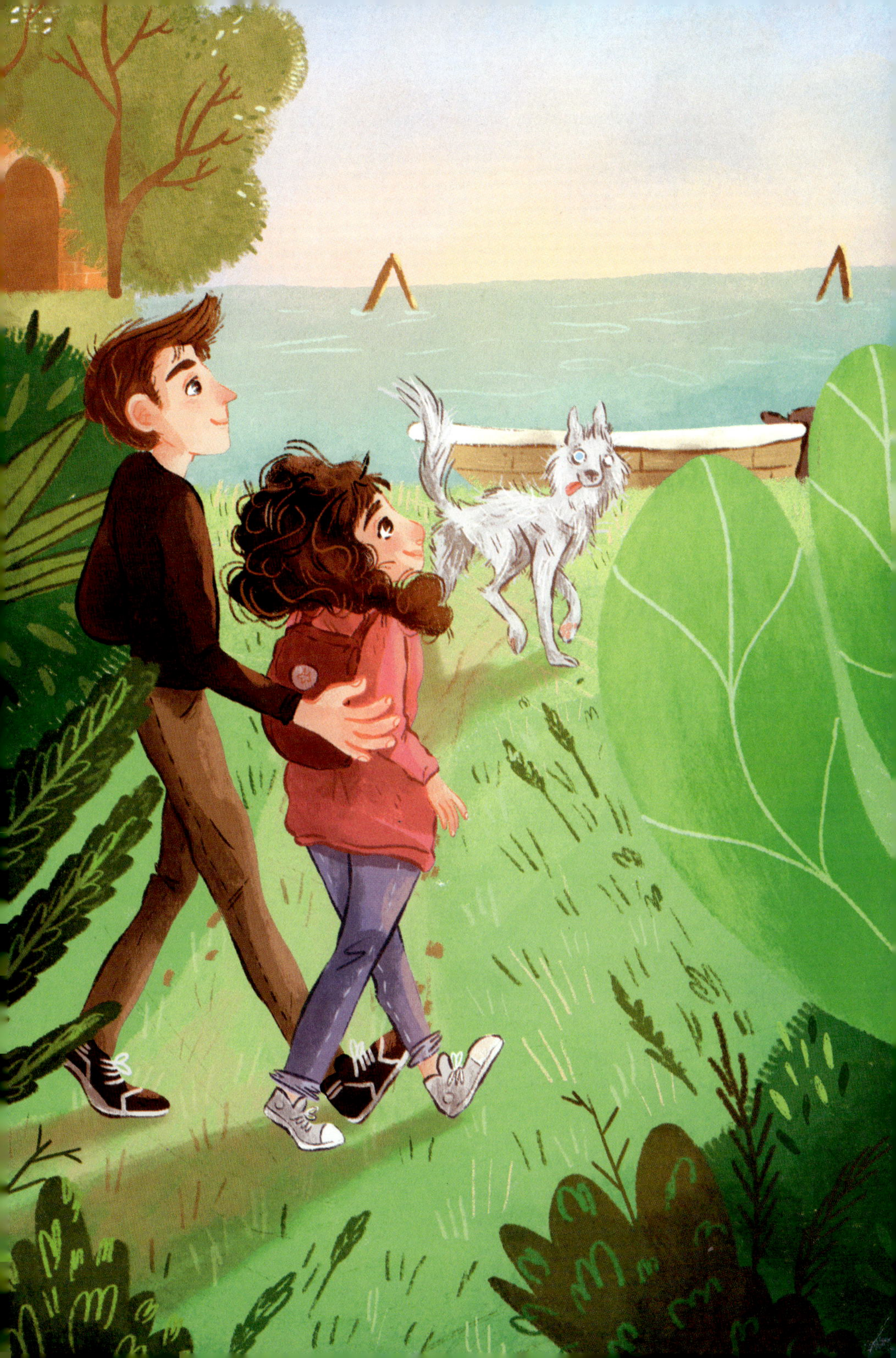

Attività

Comprensione

1 Chi fa cosa? Abbina ogni personaggio all'azione giusta.

1. ☐ Jacopo
2. ☐ Tina
3. ☐ Il cane
4. ☐ Leone
5. ☐ L'autista del vaporetto

a entra in aula computer per controllare il GPS.
b gira con la sua Calipso.
c racconta tutto quello che è successo.
d dice a Tina che deve imparare a nuotare.
e porta Tina da suo fratello.

Scrivere

2 Le frasi sono sbagliate: correggile.

1 Tina corre a casa e va a dormire.
   ....

2 Tina arriva a Poveglia in vaporetto.
   ....

3 La barca di Jacopo è una gondola.
   ....

4 Il cane dell'isola ha un occhio azzurro e uno scuro.
   ....

5 Forse a Poveglia c'è il fantasma di Leonardo.
   ....

Vocabolario

3 La parola "acqua" si usa in tanti modi di dire italiani. Prova ad abbinare il modo di dire al suo significato.

a ☐ Acqua in bocca!
b ☐ Mi sono perso in un bicchiere d'acqua!
c ☐ Gettare acqua sul fuoco
d ☐ Siete come due gocce d'acqua!
e ☐ Fare un buco nell'acqua
f ☐ Sono in cattive acque

1 Mi sono preoccupato per niente!
2 Siete uguali!
3 Sono in una brutta situazione
4 Provare a fare qualcosa ma senza riuscire
5 Non dirlo a nessuno!
6 Calmare una situazione

4 Hai mai sentito parlare di Calipso? Prova a dire quale di queste frasi su di lei è falsa.

a ☐ È una dea del mare.
b ☐ Vive in un'isola.
c ☐ Ulisse la incontra e la ama.
d ☐ È la sposa di Leonardo da Vinci.

Attività di pre-lettura

▶ 9 **5** Ascolta la prima parte del capitolo 5. Cosa avrà scoperto la polizia? Fai delle ipotesi con un compagno.

Capitolo 5

Ritorno a casa

▶ 9 Jacopo accende il motore della barca e parte lentamente. Tina e Leone stanno in silenzio, nella fredda aria della laguna. È stata una giornata avventurosa, e ora sono stanchissimi.

– Grazie, Jacopo. Senza di te ero ancora lì tra i fantasmi, – dice Leone.

– Leone, tu sei il miglior guardiasala delle Gallerie! Non potevo perderti!

– A proposito… Cosa ha detto la polizia?

– Domani devi andare in commissariato* per rispondere alle domande della polizia.

– Jacopo, tu pensi che *La dama con l'ermellino* sarà ritrovata?

– Non lo so. È tutto così strano…

La polizia, quando ha scoperto il furto e ascoltato la descrizione dei ladri, ha subito pensato ai gemelli Bisou. I terribili ladri d'arte parigini infatti amano vestirsi in modo strano

commissariato luogo dove stanno gli uffici della polizia

Furto a Venezia

in occasione dei loro furti. Per loro è come una firma*.

Nessuno conosce il loro vero nome, Bisou è un nome inventato. Sono davvero francesi? Forse. Nessuno lo sa. Nessuno è riuscito mai a prenderli o a capire davvero in che modo rubano. Una cosa è certa: sono due hacker! La verità sui Bisou non si sa e forse mai si saprà.

▶ 10 Jacopo ferma Calipso e fa scendere i ragazzi sotto il Ponte dell'Accademia. Si salutano tutti e tre un po' di tristezza, come quando finisce qualcosa di importante. Sta per diventare buio. Il cielo è di un colore strano, un po' blu un po' chiaro. L'aria è fredda e Tina e Leone vogliono solo tornare a casa.

— Mamma e papà non sono ancora tornati dal lavoro, a quest'ora.

— Davvero? Ma che ore sono? Oggi è una giornata proprio strana!

Sono le 18. La giornata più lunga della loro vita è quasi finita. Passano per Piazza San Marco per

firma autografo, nome e cognome dell'autore di un'opera

Capitolo 5

tornare a casa. L'acqua alta sembra un ricordo. A Venezia tutto è perfetto. I tavolini sono occupati dai turisti, seduti a bere caffè e mangiare gelati. I piccioni volano qua e là e mangiano qualcosa per terra. I camerieri dei bar camminano veloci con i vassoi* pieni. Tina e Leone amano la loro città, soprattutto quando c'è questa luce nel cielo.

— Che bella Venezia, con questo cielo…

— È vero, Tina. Capisco bene i turisti che vengono a visitare questa città speciale.

— Eh sì, Venezia a quest'ora è piena di poesia.

Leone però è silenzioso.

— Peccato per *La dama con l'ermellino*, — dice Tina.

— Non ci credo ancora! Un furto orribile!

— Ma è bella? Sono curiosa di vederla… Di vederla dal vivo, volevo dire! Sul mio libro di arte c'è.

— Bella? Bellissima! Quella dama ha uno sguardo incredibile. La guardi e non puoi smettere di guardarla. Sembra lì con te, davvero! Ha una collana di perle nere molto strana, e un vestito elegantissimo…

vassoi *grandi piatti per trasportare bicchieri ai tavoli*

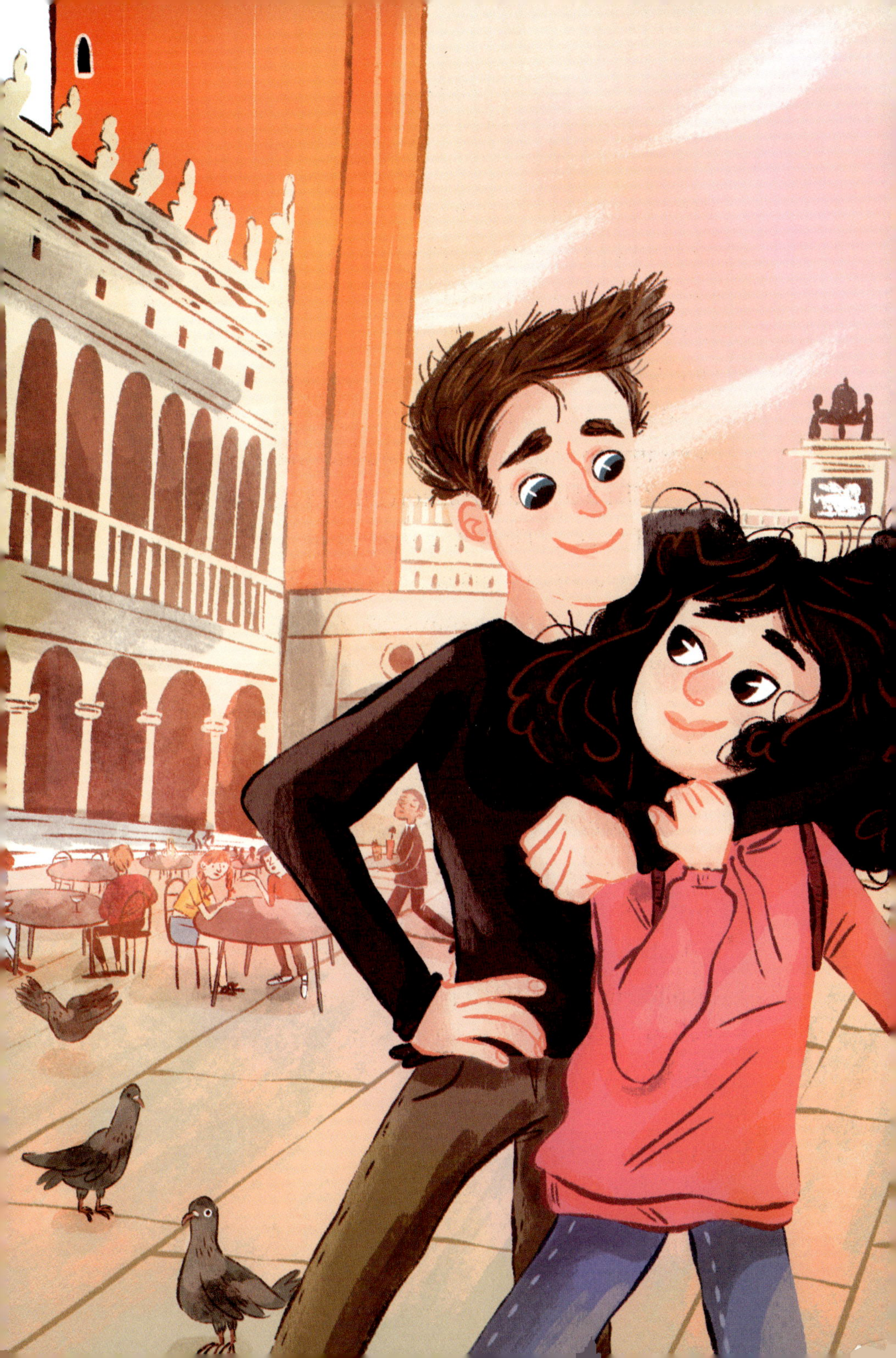

Capitolo 5

— E l'ermellino?

— Quell'ermellino sembra vivo, Tina. Da un momento all'altro può uscire dalla tela!

I due fratelli coraggiosi camminano lentamente verso casa.

— E ora, Leone? Raccontiamo tutto a mamma e papà?

— Certo! Sei stata molto coraggiosa, Tina. Sono orgoglioso di te. E la paura dell'acqua?

— Non lo so! Ho fatto tutto senza pensarci troppo!

— Ora che è tutto finito però mi devi spiegare come hai fatto a trovarmi.

— Stamattina a scuola la professoressa di geografia parlava del GPS. Io non ascoltavo molto perché avevo paura dell'acqua alta. Ma qualcosa mi è rimasto in testa. Quando sono uscita da scuola ho visto la tua sciarpa gialla in acqua e ho capito che ti era successo qualcosa.

— Il GPS... Ma certo, brava! Avevo il cellulare con me e non mi ricordavo!

Furto a Venezia

— In effetti se te lo ricordavi chiamavi per chiedere aiuto, no?

— Eh sì.

— Non è che la botta in testa ti ha fatto diventare scemo?

— Ahahaha. Speriamo di no!

Attività

Comprensione

1 Completa il riassunto del capitolo 5 con l'opzione giusta.

Jacopo accende il (1) ...*motore*... della barca e li riporta a Venezia. La polizia, grazie alla descrizione dei ladri, ha pensato subito ai (2) ...*gemelli*... Bisou. Nessuno conosce il loro vero (3) ...*nome*... . È stata una giornata lunga e faticosa e Tina e Leone sono (4) ...*stanchissimi*... .
Passano per (5) ...*Piazza*... San Marco, dove tutto è normale: turisti, (6) ...*camerieri*... che portano bicchieri, piccioni che volano. Tina chiede a Leone com'era il quadro e lui (7) ...*spiega*... che era davvero bellissimo. Leone, come dice Jacopo, è davvero il (8) ...*miglior*... guardiasala delle Gallerie dell'Accademia!
Mentre (9) ...*tornano*... a casa Leone dice alla sorella che è (10) ...*molto*... orgoglioso di lei. Poi chiede come ha fatto la sorella a trovarlo e Tina spiega tutta l'avventura partendo dal (11) ...*GPS*... .

1	**a** timone	**b** rumore	**c** motore	**d** vaporetto
2	**a** fratelli	**b** gemelli	**c** pesci	**d** quadri
3	**a** nome	**b** vestito	**c** amico	**d** paese
4	**a** arrabbiati	**b** nervosi	**c** stanchissimi	**d** felicissimi
5	**a** laguna	**b** Piazza	**c** città	**d** leone
6	**a** camerieri	**b** autisti	**c** fratelli	**d** poliziotti
7	**a** dorme	**b** comunica	**c** ruba	**d** spiega
8	**a** buono	**b** miglior	**c** peggiore	**d** bravo
9	**a** volano	**b** nuotano	**c** tornano	**d** pensano
10	**a** molto	**b** niente	**c** mai	**d** dopo
11	**a** ladro	**b** furto	**c** professore	**d** GPS

2 Scrivi le definizioni giuste nello schema, prese dal glossario degli ultimi due capitoli, e scopri come si chiamano le piazze a Venezia. Pensa che una volta erano... degli orti!

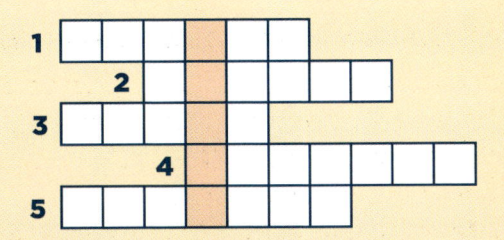

1. Lo sono i vaporetti: grandi...
2. Li portano pieni di bicchieri i camerieri.
3. Nome e cognome dell'autore di un'opera.
4. Il commissariato è il luogo dei suoi uffici.
5. Persona che guida un mezzo pubblico.

Scrittura

3 Scrivi un finale diverso della storia.

Leone rimane sull'isola di Poveglia tutta la notte...

....
....
....
....
....
....
....

Dossier

Venezia

Città unica al mondo, Venezia è costruita su più di 100 piccole isole nella laguna del Mar Adriatico. Non ha strade ma canali: il più famoso è il Canal Grande. Venezia è formata da "sestieri": queste sono le sei zone, o quartieri, in cui la città è stata divisa. Famosissimo è il suo Carnevale ma anche la Biennale, un evento che offre al pubblico esposizioni di arte, musica, teatro, danza e cinema.

Le Gallerie dell'Accademia

Sono un museo statale di Venezia, con le migliori opere d'arte veneziana e veneta del XIV-XVIII secolo. Tra gli artisti da ammirare ci sono Tintoretto, Tiziano, Canaletto, Giorgione, Bellini e Carpaccio.
Le Gallerie si trovano nel sestiere di Dorsoduro, sotto il Ponte dell'Accademia. Prendono il nome dall'Accademia di Belle Arti, che ha aperto le Gallerie nel 1817.

L'acqua alta

È un momento eccezionale di alta marea che avviene di solito in autunno e inverno, spesso a novembre-dicembre. L'acqua alta segue il ciclo della marea, che cresce per 6 ore e scende nelle 6 ore dopo. I veneziani sono abituati a questo fenomeno e vengono avvisati da speciali sirene. L'acqua alta dura 3-4 ore e per spostarsi si usano le passerelle. La marea è eccezionale quando supera i 140 cm, che corrisponde a circa 60 cm di acqua nei punti più bassi della città.

Poveglia

È una delle tante isole della laguna veneta e si trova a sud della costa di Venezia, lungo il Canal Orfano. Oggi è abbandonata, ma un tempo era un'isola famosa. È stata un castello, poi, nel 864, la residenza dei servi fedeli a un doge di Venezia. Poi luogo militare, lazzaretto e infine manicomio. Forse per questo la leggenda dice che è abitata da fantasmi, cioè dalle tante anime dei morti di peste e di pazzia.

Dossier

Leonardo da Vinci

Leonardo da Vinci (1452-1519) è un artista, inventore e scienziato italiano. Il suo nome deriva dal paese della Toscana dove nasce, vicino a Vinci, in provincia di Firenze.
La sua figura è fondamentale nel Rinascimento e rappresenta molto bene lo spirito della sua epoca, il talento e il genio. Leonardo studiava molte materie, dall'anatomia alla botanica, dalla musica all'architettura. Ha rivoluzionato l'arte ma anche la storia del pensiero e della scienza. Nel 2019 si sono festeggiati i 500 anni dalla sua morte.

Le opere

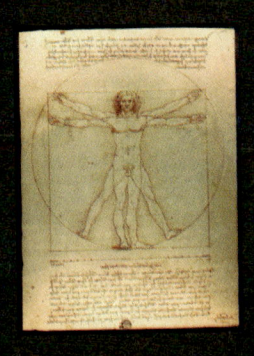

Leonardo ha realizzato alcune tra le opere d'arte più famose al mondo come *La Gioconda*, o *Monna Lisa*, (Musée du Louvre, Parigi), *Il Cenacolo* (Santa Maria delle Grazie, Milano), *La Vergine delle rocce* (National Gallery, Londra).

L'Uomo vitruviano è un disegno unico, il più perfetto esempio di simmetria mai costruito dall'uomo. Viene conservato alle Gallerie dell'Accademia di Venezia ed esposto raramente, perché è molto delicato. Si ispira alle proporzioni del corpo umano descritte nel trattato di Vitruvio *De architectura*, da cui prende il nome, e disegnate usando la geometria.

La dama con l'ermellino

La dama con l'ermellino si trova al Museo nazionale di Cracovia e rappresenta la bellissima Cecilia Gallerani, amata dal duca di Milano Ludovico il Moro. È un dipinto a olio su tavola di 54x40 cm, realizzato nel 1488-1490, quando Leonardo era a Milano. Come nella *Gioconda*, anche qui l'artista dimostra la sua bravura nel dipingere ritratti femminili originali, raffinati e misteriosi.

Test finale

Segna se le frasi sono vere (V) o false (F).

		V	F
1	Tina e Leone vivono da soli.	☐	☑
2	Tina fa il primo anno di università.	☐	☑
3	Leone fa il guardiasala alle Gallerie dell'Accademia.	☑	☐
4	Jacopo è il direttore del museo.	☐	☑
5	*La dama con l'ermellino* arriva da Parigi.	☐	☑
6	I gemelli Bisou sono due ladri famosissimi.	☑	☐
7	Leone è un grande esperto d'arte contemporanea.	☐	☑
8	Tina ama andare in barca.	☐	☑
9	Il Ponte dell'Accademia è vicino alla scuola di Tina.	☑	☐
10	L'acqua alta è prevista di circa 150 cm.	☑	☐
11	Le sirene avvisano che l'acqua alta sta per salire.	☑	☐
12	Leone viene rapito dai gemelli Bisou.	☑	☐
13	Poveglia è un'isola molto turistica.	☐	☑
14	Si dice che a Poveglia c'è il fantasma di Giorgione.	☐	☐
15	I Bisou rubano solo opere d'arte italiane.	☐	☑
16	Tina chiede l'aiuto di Jacopo per ritrovare Leone.	☑	☐
17	La barca di Jacopo si chiama Circe, come la maga di Ulisse.	☑	☐
18	A Poveglia Tina viene aiutata da un cane.	☑	☐
19	Leone torna a casa e lascia Tina in Piazza San Marco.	☑	☐
20	Tina è diventata molto coraggiosa.	☐	☑

Sillabo dei contenuti morfosintattici

- Coniugazione attiva e riflessiva dei verbi regolari e dei più comuni verbi irregolari.
- Indicativo presente; passato prossimo; infinito; imperativo; condizionale per i desideri.
- Verbi ausiliari.
- Verbi modali: *potere, volere, dovere*.
- Pronomi personali (forme toniche e atone), riflessivi, relativi.
- Aggettivi e pronomi possessivi, dimostrativi, interrogativi.
- I più frequenti avverbi qualificativi, di tempo, di quantità, di luogo, di affermazione, di negazione.
- Le frasi semplici: dichiarative, interrogative, esclamative, volitive con l'imperativo e il
- condizionale.
- Le frasi complesse: coordinate copulative, avversative, dichiarative.
- Subordinate esplicite: temporali, causali.

Letture Graduate ELI Giovani

Livello 1
Giovanni Boccaccio, *Decameron – Novelle scelte*
Chiara Michelon, *Furto a Venerzia*

Livello 2
Mary Flagan, *Il souvenir egizio*
Emilio Salgari, *Le Tigri di Mompracem*
G. Massei - A. Gentilucci, *Evviva Roma!*
Marta Natalini, *L'ombra di Dante*
Marta Natalini, *I colori di Napoli*
Agnese Flagiello, *Che tesori!*

Livello 3
Maureen Simpson, *Destinazione Karminia*

LETTURE GRADUATE ELI GIOVANI ADULTI

Livello 2
Carlo Collodi, *Le avventure di Pinocchio*
Luigi Pirandello, *Novelle per un anno – Una scelta*
Anonimo, *I fioretti di San Francesco*
Carlo Goldoni, *Il servitore di due padroni*
Niccolò Machiavelli, *Mandragola*
Italo Svevo, *La coscienza di Zeno*

Livello 3
Giovanni Verga, *I Malavoglia*
Alessandro Manzoni, *I promessi sposi*